BEI GRIN MACHT SICH IHR
WISSEN BEZAHLT

Bibliografische Information der Deutschen Nationalbibliothek:

Die Deutsche Bibliothek verzeichnet diese Publikation in der Deutschen National-bibliografie; detaillierte bibliografische Daten sind im Internet über http://dnb.d-nb.de/ abrufbar.

Impressum:

Copyright © 2017 GRIN Verlag
Druck und Bindung: Books on Demand GmbH, Norderstedt Germany
ISBN: 9783346087133

Dieses Buch bei GRIN:

https://www.grin.com/document/512015

Cristian Claus

"Transszendentalkritische Pädagogik" nach Wolfgang Fischer und die Thematik der metaphysischen Strukturen der Erziehungswissenschaften nach Peter Petersen

GRIN Verlag

GRIN - Your knowledge has value

Der GRIN Verlag publiziert seit 1998 wissenschaftliche Arbeiten von Studenten, Hochschullehrern und anderen Akademikern als eBook und gedrucktes Buch. Die Verlagswebsite www.grin.com ist die ideale Plattform zur Veröffentlichung von Hausarbeiten, Abschlussarbeiten, wissenschaftlichen Aufsätzen, Dissertationen und Fachbüchern.

Wuppertal den 07.03.2017

Bergische Universität Wuppertal
Institut für Erziehungswissenschaft
Wintersemester 2016/17
Seminar: Gegenwartstheorien der Erziehungswissenschaften

Ausarbeitung des Referats „Transzendentalkritische Pädagogik" nach Wolfgang Fischer und Vertiefung der Thematik der metaphysischen Strukturen der Erziehungswissenschaften nach Peter Petersen

Cristian Claus
Studiengang: Bildungstheorien und Gesellschaftsanalyse

Inhaltsverzeichnis

1. Einleitung

Das Folgende ist eine Ausarbeitung eines Referats, das am 19.1.2017 im Seminar „Gegenwartstheorien der Erziehungswissenschaften" gehalten wurde. Das Referat bezieht sich auf Wolfgang Fischers bekannten Aufsatz „Transzendentalkritische Pädagogik", welcher 1989 veröffentlicht wurde und die transzendentalkritische Pädagogik als Methode der Hinterfragung fundamentaler Festlegungen im Hinblick auf pädagogische Zielführungen darstellt. Die Fragen nach dem Beginn und dem Ausgangspunkt der Erziehungswissenschaften, der Sinnhaftigkeit pädagogischer Festlegungen und die kritische Hinterfragung all dieser Festlegungen machen die transzendentalkritische Pädagogik aus.

Um diese Theorie zu begreifen, muss erst einmal ein begriffliches Grundgerüst gebaut werden, um zu verstehen, womit sich die transzendentale Pädagogik befasst. Aus diesem Grund muss erläutert werden, was unter transzendental überhaupt verstanden wird und wo der geistige Ursprung dieser Idee herkommt (Kap. 2.1). Danach wird der Ausdruck „a priori" als erkenntnistheoretische Eigenschaft dargestellt, um das transzendentalkritische Denken als geistiges Phänomen zu beschreiben und es der Empirie entgegenzustellen (Kap. 2.2). Nun wird explizit auf Wolfgang Fischers Aufsatz „Transzendentalkritische Pädagogik" eingegangen (Kap. 2.3), wobei zu Beginn eine Anknüpfung an Alfred Petzelts Pädagogik der Transzendentalphilosophie stattfindet (Kap. 2.3.1). Allerdings findet eine Abwendung von Fischer gegenüber Petzelt statt (Kap. 2.3.2), welche durch eine Abgrenzung noch erweitert wird (Kap. 2.3.3), um schließlich eine Neubestimmung der transzendentalkritischen Pädagogik zu erarbeiten (Kap. 2.3.4), welche dann in einer „Konstruktiven Wende" mündet (Kap. 2.3.5).

Anschließend wird eine Vertiefung in die Thematik der Metaphysik und der Erziehungswissenschaften anhand des metaphysischen Verständnisses von Peter Petersen vorgenommen (Kap. 3). Zuerst werden die Metaphysik erläutert und verschiedene Verständnisse dieser aufgezeigt (Kap. 3.1). Danach wird Petersens Werk „Der Ursprung der Pädagogik", welches 1931 veröffentlicht wurde und sich mit metaphysischen Fragen bezüglich der Erziehungswissenschaften beschäftigt, ins Blickfeld dieser Arbeit gerückt. Peter Petersen beschäftigt sich mit der Frage: Erziehungswissenschaft oder Erziehungsphilosophie (Kap. 3.2), gefolgt von den metaphysischen Streitfragen der Erziehungswissenschaften, welche sich damit befassen, was das Sein der Wirklichkeit und der Erziehungswirklichkeit ausmacht (Kap. 3.3), gefolgt von einer Zusammenfassung von Peter Petersens metaphysi-schem Verständnis der Erziehungswissenschaften (Kap. 3.4). Zuletzt wird das Fazit dieser Arbeit aufgezeigt (Kap. 4).

2. Ausarbeitung des Referats „Transzendentalkritische Pädagogik" nach Wolfgang Fischer

2.1 Was ist transzendental?

Der Terminus transzendental kommt aus dem lateinischen „transcendere", was so viel wie „überschreiten" bedeutet und in der scholastischen Philosophie eine Bezeichnung für Be-stimmungen des Seins, die jede kategoriale Bestimmung übersteigen und dem Seienden als solchem zukommen, beschreibt (Vgl.: Ulfig, 1993: 431). Ebenso wird noch der Hinweis gegeben, dass das mittellateinische Wort „transcendentalis" auch mit übersinnlich übersetzt werden kann, was aufzeigt, dass transzendental als Gegenstück zur reinen Empirie gesehen werden kann, da eine transzendentale Erkenntnis nicht mit den eigenen Sinnen zu errei-chen ist. Franz Austeda beschreibt im Lexikon der Philosophie transzendental folgender-maßen:

> „Die transzendentale Betrachtungsweise ist nach Kant diejenige, welche sich nicht sowohl mit Gegenständen, sondern mit unserer Erkenntnisart von Gegenständen, so fern diese a priori möglich sein sollen, beschäftigt. In diesem Sinne spricht Kant von empirischer Realität und zugleich transzendentaler Realität von Raum und Zeit, womit er meint, dass Raum und Zeit empirisch be-trachtet real, unter transzendentalem Blickwinkel gesehen, jedoch ideal sind" (Austeda, 1987: 371)

Eine andere Definition gibt Alexander Ulfig im Lexikon der philosophischen Begriffe. Ul-fig schreibt:

> „Bei Kant erfährt der Begriff eine Umdeutung. Er bestimmt den Begriff desTranszendentalen auf folgende Weise: Ich nenne alle Erkenntnis transzendental, die sich nicht so wohl mit Gegenständen, sondern mit unserer Erkenntnisart von Gegenständen, so fern diese a priori möglich ist, überhaupt beschäftigt. Transzendental bedeutet nicht etwas, was die Grenzen möglicher Erfahrung übersteigt (transzendent), sondern was vor jeder Erfahrung als apriorische (a priori), im Subjekt bzw. Bewusstsein liegenden Bedingungen der Möglichkeit der Erfahrung und der Gegenstandserkenntnis gilt" (Ulfig, 1993: 431)

Bei beiden Definitionen wird auf Kant verwiesen, da dieser den Begriff enorm beeinflusste und ihn in seine heutige Konnotation formte, wobei Kant den Begriff auf verschiedene Art und Weise definiert bzw. gebraucht. So benutzt der Philosoph den Terminus in einem vor-kritischen und einem kritischen Gebrauch, spricht dem Begriff eine philosophische Funktion zu und entwickelt daraus eine eigene Transzendentalphilosophie, welche die systematische Bestimmung aller Begriffe und Prinzipien durch die Erkenntnis a priori ermöglicht (Vgl.: Dohrn, 2015: 2313ff). So ist transzendental ein von Kant geprägter Terminus zur Bezeichnung von Reflexion über die Bedingungen, die den Gegenstandbezug der Erfahrungserkenntnis sichern, selbst aber nicht der Erfahrungserkenntnis zugänglich sind. Eine transzendentale Erkenntnis untersucht also die Bedingungen der Möglichkeit, eine Erfahrung zu machen.

2.2 Was bedeutet „a priori"?

A priori kommt aus dem lateinischen und bedeutet so viel wie „vom Früheren her". Das heutige Begriffsverständnis ist durch die kantische Philosophie geprägt. „Demnach heißen jene Erkenntnisse a priori, die der Erfahrung vorangehen und von ihr unabhängig sind, also nicht auf der Erfahrung beruhen oder aus ihr abstrahiert sind" (Spree 2003: 235). Eine Erkenntnis darf also keinen Bezug zur sinnlichen Wahrnehmung bedingter Erfahrungen haben, wenn sie als a priori gelten möchte. Urteile sind dann a priori, wenn sie erfahrungsunabhängig gebildet werden, „während Anschauungen und Begriffe dann a priori sind, wenn ihr Inhalt weder direkt noch indirekt auf Erfahrung zurückgeht" (Hiltscher 2015: 1). „Ein Begriff hat einen Inhalt a priori, wenn dieser Inhalt der Form unseres Erkenntnisvermögens entspringt" (ebd.: 239), also nicht aus Empfindungen und Wahrnehmungen geprägter Erfahrung stammt, sondern der Inhalt der Begriffe a priori setzt die Geltung einer reinen Form des Denkens eines Gegenstandes voraus. Denken, welches nicht determiniert ist und dadurch eine logische Form unseres Denkens darstellt. A priori sind demzufolge Erkenntnisse, „die nie und nimmer aus der bloßen Erfahrung zu gewinnen sind oder aus ihr stammen können. „Man nennt solche Erkenntnisse", von denen die Vernunft selbst ohne jede empirische „Beimischung" die „Quelle" ist [...] „a priori" (Fischer 1996: 19)

2.3 Wolfgang Fischer und die transzendentalkritische Pädagogik

„Transzendentalkritische Pädagogik, wie ich sie auffasse, hat unstreitig etwas mit Pädagogik zu tun. Aber ob sie noch oder schon Pädagogik ist, das zu beantworten hängt davon ab, welche Leistungen zu erbringen der Pädagogik angesonnen wird" (Fischer 1989: 85)

2.3.1 Anknüpfung an Alfred Petzelt

Wolfgang Fischer orientiert sich bei der transzendentalkritischen Pädagogik an seinem Doktorvater Alfred Petzelt. Dieser zählt in den Erziehungswissenschaften zu der Gruppe der Neukantianer, welche mit Bezug auf die philosophischen Ausführungen Immanuel Kants die Bedingungen pädagogischer Praxis prinzipiell zu erkennen bzw. aufzuklären versuchen. Petzelt „sieht die zentrale Aufgabe pädagogischer Theorie darin, nach der Rechtmäßigkeit dessen zu fragen, was in der Erziehungswirklichkeit geschieht, und setzt zeitlebens in bewußter Opposition gegen vorherrschende pädagogische Tendenzen und Richtungen des 20. Jahrhunderts" (Kauder 1997: 33). Dem Wissenschaftler geht es nicht darum, die realen Bedingungen der Erziehungswirklichkeit zu beschreiben und zu erfassen, sondern deren denk- bzw. handlungsnotwendige Voraussetzungen zu erkennen und zu analysieren. Dabei wird Petzelt ein Misstrauen gegenüber naturwissenschaftlichen Experimenten, sprich der Empirie, unterstellt, welche sich durch seine ganze Arbeit zieht und welche Fischer ebenso aufnimmt (Vgl. Fischer 1989: 18).

An diesen Ideen und Vorstellungen der Pädagogik knüpft Fischer an, indem er Petzelt zitiert und schreibt: „Wir haben allen Grund, heute mehr zu tun, als etwa bloß auf sog. ‘bewährte‘ Resultate zurückzugehen […] Der Sinn des Pädagogischen, also die Grundlage der Einheit zwischen Erziehung und Unterricht, sind fraglich geworden" (Petzelt 1969: 83, zitiert nach Fischer 1989: 17). So ist Fischer der Meinung, dass „erfahrungswissenschaftlich-experimentell erhobene Befunde nicht zur Basis für irgendwelche als pädagogisch rechtens ausgegebene Maßnahmen" dienlich seien (ebd.: 18). Die Empirie bietet keine „Ordnungsmomente für das Werk der Bildung", denn die „Pädagogik als Wissenschaft fragt nach Prinzipien und deren Inbegriff, das heißt nach den Bedingungen der Möglichkeit, unter denen als pädagogisch ausgegebene Tatsachen [...] zu legitimieren sind" (ebd.: 20).

2.3.2 Abwendung von Alfred Petzelt

Dem Neukantianer Petzelt geht es darum zu untersuchen, was die theoretischen Grundlagen von Erziehung und Unterricht seien. „Solche Grundlagen in dem sie verbindenden
"Begriff" müßten gefordert werden", so Fischer weiter (Fischer 1989: 21). Die Pädagogik
bezieht sich immer, ob explizit oder implizit, ob erfolgreich oder scheiternd, auf diese
Grundlagen. Demzufolge sind diese Grundlagen nicht neu zu erfinden, „sondern transzen-
dentalanalytisch bloß ausfindig und begreiflich zu machen" (ebd.). Allerdings sind diese
Grundlagen an die Historie und den gesellschaftlichen Wandel gebunden, was bedeutet,
dass „die gesuchten Prinzipien und "der Begriff der Pädagogik" nicht selber etwas Zeit-
hafte-Verlaufendes (wie Ideale oder Abstraktionen) und nicht aus anderen Revieren (wie
der Ethik, der Sozialwissenschaften oder einer Glaubenslehre) erborgt oder irgendwie ab-
hängig sein" dürfen (ebd.: 22). Petzelt unterstreicht damit den Anspruch der Eigenständig-
keit der Grundlagen und Fundamente der Pädagogik und sieht sie als „apriorisch-zeitlos"
(ebd.). Doch wird hier ein Dilemma deutlich, denn in „Begriffe[n] in der Dimension von
zeitlosen Aprioris kann man nicht[s] wissen" und falls einer meint, die Zauberformel der
wahren Erziehung gefunden zu haben, „so gelingt es allemal, die theoretische Unzulänglichkeit seines Führwahrhaltens [...] zu zeigen" (ebd.: 23). So kritisiert Fischer bei Petzelt,
dass dieser bei der Begriffsproblematik, bei der Suche nach dem Fundament der Pädagogik, eine „positive Erledigung" verlangt, „obwohl ihm klar war, daß das Ergebnis nicht
mehr als eine Wertigkeit des Begriffs, mit anderen Worten: keinen logisch zwingend zu ar-
gumentierenden, von Zeitpunkthaftem unabhängigen, allgemeingültigen Legitimationsbo-
den zum Ausdruck bringen kann" (ebd.). So können die Grundlagen, die alles pädagogisch
tragenden Fundamente der Erziehungswissenschaften, ungeachtet ihrer angeblich unverän-
derlichen Beweisführung und ihren Inhalten, als „dogmatisch-metaphysische Position"
verstanden werden, welche „keine wissensfähige Grundlage" ausdrücken und ihr „Gewiß-
heits- und Verbindlichkeitscharakter ist [deshalb] in keiner der Skepsis enthobene[n] Weise
verifizier- und lehrbar" (ebd.: 24).

Petzelt versucht den Begriff der Pädagogik „weder dogmatisch noch deduktiv noch begriff-
lich-spekulativ noch hermeneutisch oder gar empirisch" zu fassen, denn so lässt sich keine
Legitimation der Wahrhaftigkeit finden (ebd.: 27). Dennoch sieht Fischer das Problem bei
der Fragestellung: „Gefragt müsse vielmehr so werden: Wenn Tatsachen des Erziehens und
Unterrichtens vorliegen, was ist deren (logische) Bedingung der Möglichkeit [...] pädago-

gisch notwendig und allgemeingültig zu sein?" (ebd.: 27) Darauf antwortet Fischer, dass es sich bei der „Idee des Ichs" oder bei der „Idee der Bildung", um „positionelle Metaphysik" handelt (ebd.). So schreibt Fischer weiter:

> „Um Metaphysisches ist augenscheinlich nicht herumzukommen, wo im „transzendentalen Gebrauch der Vernunft" (KANT) und der Sprache, das heißt im „Verlangen, etwas über den letzten Sinn" (WITTGENSTEIN), über das Was, das Wesen, das Eigentümliche einer Sache zu sagen, positiv und mit einiger absoluten Gültigkeit, als ginge es um Erkenn- und Beweisbares, gesprochen beziehungsweise wo in naiver oder eher reflektierter Einstellung erzogen und unterrichtet wird" (ebd.: 28).

2.3.3 Abgrenzung zum erziehungswissenschaftlichen Empirismus

Nachdem Fischer sich von Petzelts Theorie abgewandt hat, vollzieht er den Bruch zur Empirie und ihrem Gültigkeitsanspruch. So wirft er den Erziehungswissenschaften vor, dass diese „alle nicht empirisch lösbaren Probleme, also diejenigen, die es mit dem Geltungsanspruch zu tun haben, von sich weist" (ebd.: 29). Zwar kann man durch Empirie verschiedene Theorien vergleichen und die damit einhergehende „zweckbezogene Nützlichkeit" unterscheiden; allerdings gibt sie für die Legitimationsfrage, „was pädagogisch rechtens sei, keinen zureichenden Grund" (ebd.). Dementsprechend ist der erziehungswissenschaftliche Empirismus „kein Ausweg aus der dogmatischen Metaphysikverfallenheit pädagogischer Aussagesysteme" (ebd.: 30), sondern nur „hypothetische Fundamente, das heißt Annahmen, die das Werk der Erziehung tragen und profilieren sollen" (ebd.: 31). Die Reduzierung und Eingrenzung der Rechtfertigungsthematiken auf empirische Annahmen werden von Fischer kritisiert und abgelehnt. Empirische Hypothesen taugen für die Naturwissenschaften, doch um erziehungswissenschaftliche Fundamente und den Kern der Pädagogik zu rechtfertigen, um die „pädagogische Aufgabe" zu beschreiben, taugt der erziehungswissenschaftliche Empirismus nach Fischer nicht (Vgl. ebd.: 32).

2.3.4 Neubestimmung der transzendentalkritischen Pädagogik

„Weder der erziehungswissenschaftliche Empirismus noch ein pädagogisch-pragmatischer Relativismus scheren aus der Reihe metaphysisch-positioneller pädagogischer Theorien aus" ihnen allen liegt „Fürwahrgehaltenes zugrunde, welches man nicht wissen kann" (ebd.). Egal, wie Erziehung und Bildung definiert werden und eine Annäherung an die Wahrheit, den Kern der Pädagogik erfahren - „[n]ichts von alledem befriedigt das kritisch gewordene, nicht länger eigendünkelhafte Bewußtsein ohne Rest und erweitert schlüssig das Erkennen" (ebd.: 33).

So bestimmt Fischer die transzendentalkritische Pädagogik neu, indem er schreibt:

> „Transzendentalkritische Pädagogik nach dem Neukantianismus bleibt der pädagogischen zentralen Legitimations- oder Sinnproblematik, wenn und solange sie sich stellt oder gestellt zu werden verlangt, "treu", nicht aber als die "echte", richtende Metaphysik irgendeinem Absoluten gleichsam ganz nahe, sondern als Methode. Sie ist nicht Dogmatik, die alles im Vorhinein anders und besser weiß, sondern Skepsis und Kritik. "Sie verkündet nichts" in unumstößlichen Lehrsätzen; vielmehr hält sie sich an das historisch und aktuell Gegebene, das als pädagogisch oder pädagogisch relevant Ausgewiesene, um es allerdings aus seinen ans Licht des Wissens zu bringenden Prämissen zu verstehen und immanent zu kritisieren" (ebd.: 35).

Als immanente Kritik, als stetige Hinterfragung von allem, sieht sich die transzendentale Pädagogik als Methode, um die Fundamente und die Grundlagen der Erziehungswissenschaften immer wieder auf die Probe zu stellen. Die letztinstanzlichen Prinzipien der Disziplin sind demzufolge nicht letztinstanzlich, denn auf den Kern der Wahrheit kann man nicht mit Gewissheit gelangen. Fischer verweist auf Funke, der das Ziel der transzendentalkritischen Pädagogik folgendermaßen formuliert: „Die Einführung immer neuer Fragwürdigkeiten, nicht die Erstellung und Verfestigung metaphysischer Positionen kann allein ihr Ziel sein" (Funke zitiert nach ebd.).

So fasst Fischer die transzendentalekritische Pädagogik in drei Punkten zusammen, bevor er zur „Konstruktiven Wende" übergeht. Erstens bedarf es „keiner absoluten, letztheitlichen Instanz [...], um erkennen zu können, von welchen Voraussetzungen und Bedingungen der Geltungsanspruch irgendeiner pädagogischen Lehre [...] abhängt" (ebd.: 38). Zweitens ist die skeptisch-kritische Methode ein Prüfungsversuch, um die Grundsätze und festgefahrenen Meinungen zu hinterfragen. „Kritik erfolgt als Problematisierung dessen, was nicht als problematisch" angesehen wird, sozusagen als Schlüssel, um hinter den Vorhang des Bewussten zu blicken und Fehltritte aufzuzeigen und neue Wege zu erkunden (ebd.: 39). Und drittens wird nochmals unterstrichen, dass die transzendentalkritische Pädagogik eine Methode darstellt, welche den „Ausgangspunkt erneuten Fragens nach der Geltung" von allem in den Blickpunkt nimmt, was deutlich macht, dass es eine „Unabschließbarkeit der Behandlung der Legitimations- und Grundlegungsproblematik" gibt (ebd.: 40). Das Hinterfragen hört nie auf, dementsprechend können der Kern und das Wesen der Erziehungswissenschaften nie völlig entzaubert werden.

2.3.5 „Konstruktive Wende"

Die „Konstruktive Wende" beschreibt Fischer folgendermaßen:

> „Erziehen und Unterrichten finden ihre Erfüllung als Bildung im Philosophieren als Kritik der Vernunft und ihrer Leistungen. Das kann als die „konstruktive Wende" transzendentalkritischer Pädagogik erläutert werden [...] Wenn keiner Legitimationsbeanspruchung und mithin keinem pädagogischen Satz es eigen ist, unbedingt zu gelten, gleichwohl die Begründungsfrage nicht als Unsinn stigmatisiert wird, und wenn überdies nichts dafür spricht, jeweils die anderen, in Sonderheit die Jugend, dogmatisch zu verderben, sie in letzte Gewißheit zu wiegen, wo keine ist, dann wer den Erziehung und Unterricht in die Problematik der Voraussetzungen und Bedingungen und damit in das Zeigen der Grenze unseres Wissens als Wissen des Nichtwissens einmünden" (ebd.: 41)

Fischer ist selbst bewusst, dass dem allem der Makel „des bloß Destruktiven" anhaftet, also dass seine Theorie nichts wirklich besser macht (ebd.). So schreibt Fischer weiter: Die transzendentalkritische Pädagogik ist damit dazu geeignet vorliegende „Bewußtseinsleistungen mit pädagogischem Geltungsanspruch" zu kritisieren und damit die „Unterspülung dogmatisch-metaphysischer Dämme" voranzutreiben, sprich die Hinterfragung des sogenannten Letzten (ebd.: 40).

3. Vertiefung in die Thematik der Metaphysik und der Erziehungswissenschaften anhand des metaphysischen Verständnis von Peter Petersen

Im weiteren Verlauf dieser Arbeit wird nun eine Vertiefung in die Thematik der Metaphysik in Verbindung mit den Erziehungswissenschaften folgen. Dabei wird die Metaphysik vorgestellt und beschrieben, um anschließend das metaphysische Verständnis des Pädagogen Peter Petersen darzustellen.

3.1 Metaphysik, was ist das eigentlich?

Der Terminus Metaphysik kommt aus dem Griechischen „ta meta ta physika", was so viel wie „was auf die Physik folgt" bedeutet. Die Metaphysik ist eine Grunddisziplin der Philosophie und beschäftigt sich mit Fragestellungen der theoretischen Philosophie. Die Fragen und Probleme der Metaphysik versuchen Fundamente, Voraussetzungen, Ursachen oder `erste[...] Begründungen´, zu hinterfragen und zum Kern des Beginns dieser Fundamente, Voraussetzungen etc. zu gelangen. Die allgemeinsten Strukturen, Gesetzlichkeiten und Prinzipien werden kritisch beäugt und der gesamte Sinn und Zweck der gesamten Realität bzw. allen Seins werden auf den Prüfstand gestellt.

So ist es schwierig, eine zutreffende Definition zu entwickeln, denn „[h]insichtlich der Metaphysik ist sehr vieles einschließlich der Beantwortung der Frage nach ihrer Möglichkeit kontrovers, und auch unter den Vertretern dieser philosophischen Disziplin gibt es kaum Übereinstimmungen darüber, worum es in der Metaphysik geht" (Bormann 2003: 464). Dennoch gibt es Versuche, die Thematik der Metaphysik in einer Definition zu fassen. Alsted definiert Metaphysik in seiner „Encyclopaedia" von 1630 folgendermaßen: „Metaphysik ist die Weisheit, die Seiendes betrachtet, sofern es Seiendes ist. Sonst sagt man Erste Philosophie" (Herborn 1630: 573 zitiert nach Boeder 1980: 39). Der Hinweis darauf, dass die Metaphysik auch als die erste Philosophie benannt wird, zeigt auf, dass diese philosophische Disziplin den Beginn von allem, den Kern aller Wahrheit als Thema fasst. Der Vorsokratiker Parmenides „unterscheidet [...] zwischen dem, was die Menschen hinsichtlich ihrer Wirklichkeit zu erkennen meinen, womit sie insgesamt in Irrtümer geraten, und dem, was sich dem schauenden Geist als `Seiend´ präsentiert" (Bormann 2003: 464). Demnach hat Metaphysik mit Erkenntnissen zu tun, welche auf geistige Art und Weise das Weltliche, also das Sein, jenes, was ist, hinterfragt. Platon fasst den „Seinsbereich" als „Ideenkosmos" auf, wobei die Ideen weder menschliche Begriffe noch göttliche Gedanken ausmachen, sondern sich als „seiende, ewige und unveränderliche Wesenheiten" darstellen, „die außerhalb der Erfahrungswelt jenseits von Zeit und Raum eine Welt für sich bilden, die wahrnehmbare Dinge prägen und nur durch reines Denken [...] fassbar sind" (ebd.). So fragt das metaphysische Denken, mit den Worten Heideggers gesprochen, „nach der seienden Quelle und nach einem Urheber des Lichtes" (Heidegger 1965: 7). Weiter schreibt er: „Wie auch immer das Seiende ausgelegt werden mag, ob als Geist im Sinne des Spiritualismus, ob als Stoff und Kraft im Sinne des Materialismus, ob als Werden und Leben, ob als

Vorstellung, ob als Wille, ob als Substanz, ob als Subjekt, ob als Energeia, ob als ewige Wiederkehr des Gleichen, jedes Mal erscheint das Seiende als Seiendes im Licht des Seins" (ebd.). Metaphysik ist also das „Hinausfragen über das Seiende" (ebd.: 38), was dazu verleitet, die Frage umzuformulieren und zu fragen : Was ist das Existierende?

Wie gezeigt wurde, ist Metaphysik als philosophische Disziplin nicht einfach zu fassen. Metaphysik entzieht sich dem irdischen Denken und verweist auf ihre Unzulänglichkeit hinsichtlich der Materie. Zu fragen, was das Seiende ausmacht, was die Urquelle des Wirklichen und was das Existierende ist, sind die Grundpfeiler und Fragen der Metaphysik.

3.2 Erziehungswissenschaften oder Erziehungsphilosophie?

Nachdem die Metaphysik in ihren Grundstrukturen dargestellt wurde, wird nun das metaphysische Verständnis von Peter Petersen skizzenhaft erläutert. Dies soll als Verbindung zwischen der Metaphysik und der Erziehungswissenschaften gedacht werden.

Petersen ist der Meinung, dass alle Wissenschaften eine „systematische Ordnung" anstreben. Systematische Philosophie hingegen möchte die „Ursprünge und die Grundlagen des wissenschaftlichen Erkennens […] schlechthin aufdecken" (Petersen 1964/1931: 1). Der Pädagoge möchte eine wissenschaftliche Erfassung und Ordnung der Erziehungswirklichkeit vornehmen und fragt nicht nach idealen Prinzipien oder Verhaltensmustern der Erziehungswissenschaften. Für ihn ist Erziehung „ein organisches Geistwerden" (ebd.: 5), „eine Urmacht", welche „als kosmische Funktion innerhalb der Menschheit" beschrieben wird (ebd.: 6f). Diese kosmische Funktion zielt darauf ab, als Kraft und Vergeistigung zu wirken. So schreibt Petersen über Erziehung weiter:

> „[I]mmer und überall steht Erziehung in einer unaufhebbaren Beziehung zu Geist und zu Freiheit. Sie ist schlechthin das Geistige in seinem Ringen um Selbstdarstellung im Menschen in Freiheit, in Reinheit, in reiner Form, in einem ungestörten, „natürlichen", harmonischen organischen Aufbau. Und damit ist sie selber Ursache und Zweck, causa und finis zugleich" (ebd.: 7)

Dies zeigt auf, dass Petersen die Erziehungswissenschaften und die Philosophie vermengt. Die reine Wissenschaft soll ebenso Elemente der Philosophie in sich aufnehmen und zu einer „Weisheitslehre" werden (ebd.: 1). Wenn die Erziehungswissenschaften im Verhältnis, in einer Verbindung mit dem Geistigen gedacht werden, erfährt diese eine Erhöhung ihrer Sinndeutung. Ihr Gegenstand wird angehoben, die Ebene, die sie betritt, ist metaphysischer

Bedeutung; sie versucht die „Totalität des Wirklichen zu umfangen, und darauf beruht das Recht wie die Möglichkeit einer philosophischen Pädagogik", sprich einer Erziehungsphilosophie (ebd.: 15). Weiter weist Peter Petersen daraufhin, dass keine Wissenschaft „bis an die letzten Gründe hinzuführen vermag", denn dafür bedarf es einer Metaphysik (ebd.: 17). Und wenn sich eine Wissenschaft dem metaphysischen Denken entzieht, kann sie nie die letzte Wirklichkeit ergründen, denn da, wo Metaphysik anfängt, hören weltliches Denken und der irdische Empirismus auf. Die Metaphysik in der Gestalt der Wesensforschung, als Beantwortung der Frage nach dem letzten Sinngehalt der Pädagogik, ist die „vordringlichste Aufgabe der allgemeinen Erziehungswissenschaften" nach Petersen (ebd.). Ebenso beantwortet der Pädagoge die Frage nach dem letzten und wichtigsten Sinngehalt der Pädagogik, da er schreibt: „[W]andelt sich denn der Sinn der Erziehung? Ist er nicht „ewig derselbe" genannt worden? Ja, allerdings ist er das, und zwar Vergeistigung" (ebd.: 18). So ist das Wesen und das Ziel und der Sinn der Pädagogik das Gleiche – die Verwirklichung und Konkretisierung der Vergeistigung der Menschen als Erziehungsvorgang. „Und so „existier[en]" für uns die Erziehungswissenschaften aus der Metaphysik", denn Bildung und Erziehung als Vergeistigung, Bildung als höchstes Ziel der Menschwerdung und als Weg aus der Verdunkelung des Lebens zu entkommen, bezieht sich in dieser Ausgangslage immer auf metaphysisches Denken (ebd.: 21). Somit liegt schon jeder Erziehungswissenschaft auch eine Erziehungsphilosophie zu Grunde.

3.3 Das Sein der Wirklichkeit und das Sein in der Erziehungswirklichkeit als metaphysisches Verständnis der Erziehungswissenschaften

„Bildung ist [...] ein Ereignis aus dem Sein und steht im Geschick der Eröffnung des den Menschen zu sich selbst auflichtenden göttlichen Seins- und Daseinsgrundes. Dieses Sein ist als der einende Grund von Mensch und Natur von urbildlich-bildender Tiefe", so schreibt der deutsche Philosoph und Pädagoge Gustav Siewerth 1958 in seinem Werk „Wagnis und Bewahrung", in welchem er metaphysische Begründungen für die Erziehungswissenschaften zu entwickeln versucht (Siewerth 1958: 50). Petersen nimmt den zentralen, metaphysischen Punkt der Seinsfrage auf. Er fragt nach dem Sein in der Wirklichkeit und erweitert die Wirklichkeit dann auf einen pädagogischen Standpunkt, indem er nach dem Sein, nach dem Kern der Erziehungsrealität fragt.

Was Wirklichkeit ist, ist auch Wahrheit und die Wahrheit wird von der Wissenschaft untersucht und festgestellt, so ist „objektive Realität zu erhalten, wo sie vorhanden ist [und] sie zu gewinnen, wo sie nicht gesichert sei" eine zentrale Aufgabe der Wissenschaften (Petersen 1964: 23f). Das Wort „Wirklichkeit" wird bei Petersen in einem metaphysischen Sprachgebrauch „als Ausdruck für die Gesamtheit des Seienden, die Totalität des Weltinhalts, des Weltgeschehens und [des] Seins" gebraucht (ebd.: 24). Wann ist nun die Erziehungswirklichkeit eine Wirklichkeit? Dies beantwortet Petersen mit der Frage, wann der Erzieher denn erzieherisch tätig wird (ebd.: 48). Das Wirkliche hängt mit Empfindungen und Wahrnehmungen des Menschen zusammen, mit Gedanken und Bewusstheit. In der Erörterung dieser Empfindungen setzt eine „Besonderung der Wirklichkeit" ein, ein „Akt der Wahrnehmung" und „Wahrnehmung ist in jedem Fall mehr als etwas wie die „Summe" mannigfaltiger Empfindungen, sie ist immer ein Ganzes von eigentümlichem Charakter her" (ebd.: 50). Die Erziehungswirklichkeit ist demnach die „Erfassung des Gegenständlichen" und ihre „Einbettung in den seelischen Gesamtzusammenhang„ (ebd.). Diese Besonderung der Wirklichkeit, dieses „Sich-befinden im Erzieherischen" kann auch als eine „Einheit von Denken und Sein in einem lebendigen Gesamtseelenzusammenhang" gedacht werden. Petersen verbindet die Wirklichkeit des Seins und die Erziehungswirklichkeit des Seins wie folgt: „Die Wirklichkeit enthüllt sich, […] in unmittelbarer Anschauung; die Erziehungswirklichkeit – keine Form neben der Wirklichkeit, sondern in dieser abgesondert „für uns" - erleben wir in einem unmittelbaren Handeln im Sinne des vollendeten Dienstes; in einem tätigen Verhalten, das reine geistige Funktion ist" (ebd.: 52). Also wird der Erzieher erzieherisch tätig, wenn er die Erziehungswirklichkeit in der Wirklichkeit tätig, also bewusst zum Vorschein bringt, indem er Empfindungen als Akt der Wahrnehmung präsentiert und diese, daraus folgenden Erkenntnisse sich dann im Gesamtseelenzusammenhang des Zöglings als Seiendes widerspiegeln. „Bewußte Erziehung muß sich in Harmonie mit der Erziehung als geistige Funktion halten, sich als bescheidene Dienerin fühlen und immer von neuem suchen, sich in deren Geheimnisse zu vertiefen" (ebd.: 114), so Petersen.

3.4 Zusammenfassung von Peter Petersens metaphysischem Verständnis der Erziehungswissenschaften

So ist das metaphysische Verständnis von Petersen hinsichtlich der Erziehungswissenschaften skizzenhaft deutlich gemacht worden: Erziehung und Bildung beschäftigen sich nach seinem Verständnis mit dem Seienden, was sich als geistige Kraft, als Vergeistigung des Menschen darstellen lässt. Am besten wird dies deutlich durch den Gedanken, dass die Einheit von Denken und Sein in einem lebendigen Gesamtseelenzusammenhang gesehen werden sollte. Dazu muss die Erziehungswissenschaft eine Erziehungsphilosophie annehmen und sich ihrer metaphysischen Strukturen bewusst werden bzw. die metaphysischen Fragestellungen müssen in die Wissenschaft als Hinterfragungen des letzten Seins ankommen, um darauf aufbauend den letzten Kern der Bildung und Erziehung zu erkennen. Die Beziehung von Pädagogik und Metaphysik ist also daran zu bemessen, dass Verwirklichung von Bildung und Erziehung und das Ziel der geistigen Entwicklung der Menschheit in einem Zusammenhang stehen und deshalb auch nicht getrennt voneinander betrachtet werden können.

4. Schlussbemerkung

In Anbetracht des Geschriebenen lässt sich sagen, dass Wolfgang Fischers Theorie der transzendentalkritischen Pädagogik und die Vertiefung in das metaphysische Verständnis von Peter Petersen gemeinsame Anknüpfungspunkte bieten. So ist die transzendentalkritische Pädagogik von Fischer eine Methode, um pädagogischen Geltungsanspruch zu kritisieren und zu hinterfragen. Petersen sieht diesen Geltungsanspruch, also den Sinn in der Pädagogik, in der Vergeistigung des Menschen. Für beide Wissenschaftler ist der Empirismus nur ein Teil der Wissenschaften, welche aber nicht zum endgültigen Ziel und zum Kern der Erziehungswissenschaften führt. Bildung als wesenhafte Selbstentfaltung ist ein Thema von beiden Pädagogen, wobei Fischer nach dem Wesen der Bildung fragt und durch kritisches Hinterfragen zu einer Annäherung der Beantwortung dieser Frage gelangt. Für Petersen hingegen ist das Wesen der Bildung die Vergeistigung, eine metaphysische Seinsfrage bestimmt sein Verständnis von Pädagogik. Für Petersen ist das metaphysische Denken der Schlüssel zur Wahrheit, zur Wirklichkeit und zum Fundament der Erziehungswissenschaften. Fischer betont dagegen extra, dass die transzendentalkritische Pädagogik nur eine Methode ist und sie keine unumstößlichen Lehrsätze verbreitet. Die Einführung immer neuer Fragen, nicht die Erstellung und Verfestigung metaphysischer Positionen sind das Ziel von Fischer. Petersen möchte hingegen die Erziehungswissenschaften der Philosophie öffnen, da das Ziel, die geistige Entwicklung der Menschen zu fördern, mit der Pädagogik zusammenfällt und demzufolge die Metaphysik von großer Bedeutung ist.

Der Ansatz beider Pädagogen ist lohnenswert und ermöglicht eine andere Perspektive auf die Erziehungswissenschaften. Was den Nährwert beider Theorien anbetrifft, so lässt sich darüber streiten. Für die direkte Arbeit mit Menschen bieten beide Ansichten nicht sofort Hilfe, allerdings ist die Abstraktheit des transzendentalen Denkens und der Metaphysik hilfreich, wenn man sich mit den Fundamenten und Grundannahmen der Pädagogik beschäftigt und nicht nur an der Oberfläche kratzt, sondern einen philosophischen Aspekt miteinbeziehen möchte.

5. Literaturangaben

Austeda, Franz (1987): Transzendental. Lexikon der Philosophie. Wien: Verlag Brüder Hollinek 1987.

Boeder, Heribert (1980): Topologie der Metaphysik. Freiburg/München: Karl Albert 1980.

Bormann, Karl (2003): Metaphysik. In: Rehfus, Wulff (Hrsg.): Handwörterbuch Philosophie. Göttingen: Vandenhoeck und Ruprecht 2003, S. 463ff.

Dorn, Daniel (2015): Transzendental. In: Bacin, Stefano/ Mohr, Georg/ Stolzenberg, Jürgen/ Willaschenk, Marcus (Hrsg.): Kant-Lexikon. Band 3. Berlin: Walter de Gruyter, S. 2313ff.

Fischer, Wolfgang (1989): Unterwegs zu einer skeptisch-transzendentalkritischen Pädagogik. Ausgewählte Aufsätze 1979 – 1988. Sankt Augustin: Academia Verlag 1989.

Fischer, Wolfgang (1996): Pädagogik und Skepsis. In: Borreli, Ruhloff (Hrsg.): Deutsche Gegenwartspädagogik. Band 2. Hohengehren: Schneider Verlag 1996.

Heidegger, Martin (1965): Was ist Metaphysik. 9. Aufl. Frankfurt am Main: Vittorio Klostermann 1965.

Hiltscher, Reinhard (2015): A priori. In: Bacin, Stefano/ Mohr, Georg/ Stolzenberg, Jürgen/ Willaschenk, Marcus (Hrsg.): Kant-Lexikon. Band 1. Berlin: Walter de Gruyter, S. 1f.

Kauder, Peter (1997): Prinzipien- wissenschaftliche Systematik und politischer Impetus. Eine Untersuchung zur Pädagogik Alfred Petzelt. Frankfurt am Mai: Peter Lang Verlag 1997.

Petersen, Peter (1964/1931): Der Ursprung der Pädagogik. Berlin und Leipzig: Walter de Gruyter 1964.

Siewerth, Gustav (1958): Wagnis und Bewahrung. Zur metaphysischen Begründung des erzieherischen Auftrages. Düsseldorf: Pädagogischer Verlag Schwann 1958.

Spree, Axel (2003): A priori. In: Rehfus, Wulff (Hrsg.): Handwörterbuch Philosophie. Göttingen: Vandenhoeck und Ruprecht 2003, S. 235f.

Ulfig, Alexander (1993): Transzendental. Lexikon der philosophischen Begriffe. Eltville: Bechtermünz Verlag 1993.